AV ROY.

SIRE,

Puiſque ie parle , apres
luſieurs ſçauantes bouches, & apres beau-
coup d'Oracles de la Verité , & de l'Elo-
quence , il me ſera bien permis d'abreger
es Eloges , qu'ils ont donnez à Voſtre
Majeſté , ſans eclypſer ces nouueaux ra-
yons dont ils la couronnènt , & cet inge-
nieux éclat dont ils la font briller.

Ie reflechiray en ce poinct toutes les
umieres de ces eſprits ſi éclairez , que
pour bien connoiſtre qu'elle a eſté , & qu'el-

A

le peut eſtre la plus haute gloire de nos Monarques, ſans lire l'Hiſtoire du paſſé, ny faire la Prophetie de l'aduenir, il ne faut que conſiderer voſtre Perſonne, & voſtre vie, pour en former le jugement, & pour prendre ſur voſtre éleuation les meſures de la Grandeur, & de la Felicité de la France, & de toutes les Royales vertus, qui ayant eſté les idées de vos Predeceſſeurs, ſont vos actions ordinaires, & ſeront les exemples parfaits, de tous ceux qui monteront ſur voſtre Trône.

Quelle vie deuoit eſtre celle d'vn Monarque, de qui la naiſſance eſt vne production que la nature a meditée vingt-deux ans, & vn miracle de la grace ſi long-temps deſiré, & ſi long-temps attendu: quelle vie, deuoit eſtre celle d'vn LOVYS DIEV-DONNE', ſi ce n'eſt vn abbregé des merueilles de l'vne, & des excellences de l'autre, qui le rendent ſi digne d'amour, & de reſpect ſur le Trône, pour le rendre quelque iour vn objet de veneration ſur les Autels.

Quel priuilege pour vn Monarque, qui paroiſt par tout auec vne double Majeſté,

& vne Royauté feconde; qui regne fur les Cœurs, comme l'Amant Souuerain, & le Royal amour de fes Sujets, qui regne fur les efprits, comme leur Genie Dominant & Superieur; qu'on reconnoit auffi bien pour le Roy, fans Gardes & fans Couronne, que s'il eftoit au milieu de fes Princes, ou fur le Trône, ou entouré de fes Magiftrats en fon Lict de Iuftice, & qu'on reuere comme le Pere de fon Peuple, parce que Sa Majefté n'eft que douceur, & fa Royauté n'eft que Clemence.

Quel prodige de rencontrer la puiffance de la valeur, & de l'amour en vn mefme Cœur, les charmes de la douceur en vn Conquerant, la tendreffe de la pieté en vn Magnanime, l'éclat de la Pourpre fans feu, & la pureté de l'hermine en vn jeune Monarque, fans les tâches qni la peuuent fletrir.

Quel miracle eft-ce que le Ciel a fait en voftre Perfonne, SIRE, de vous auoir rendu Victorieux comme les Pompées, les Cefars, les Pepins, les Charlemagnes, & les Henrys, & de vous faire furmonter ces conquerans en des combats,

où ils ont paru foibles , & vous inuinci-
ble, ils ont paru hommes & vous Ange.

Quand on comparera les siecles passez,
& les siecles à venir auec le vostre , l'on
verra que la gloire des vns , sera de vous
auoir precedé pour releuer vostre gloire ,
& celle des autres de vous auoir suiuy,
pour participer à ses auantages.

Qu'on estudie doncques vostre Histoi-
re, SIRE, on y verra, tout ce que la valeur a executé de grand, & de hardy dans
les sieges , & dans les batailles , qui ont
signalé la memoire de vos Ancestres, & l'on
s'instruira de la façon de former les pieux, les
pacifiques Monarques, & les Conquerans
sur les exercices de vostre vie ; car la Victoire ne fut iamais plus constante , ny la
Justice plus souueraine, ny la pieté plus authorisée , ny la Paix mieux establie, que
sous le Regne de Vostre Majesté.

La Victoire ne fut iamais plus constante;
car nous ne comptons les années de la vie
& du Regne de V. M. que par les Triom-
phes : Encore aujourd'huy , SIRE , vous
faites des nouuelles conquestes sur vos peuples, vous gaignez leurs affections en escou-
tant

tant leurs demandes, & vous triomphez des difficultez, qui se rencontrent dans les affaires, sans craindre, ou que la multitude vous accable, ou que l'assiduité vous degouste.

Vostre Majesté, a raison de ne craindre ny l'vn ny l'autre, puis qu'elle a sagement consideré, que la Iustice qu'elle doit rendre, luy est vn exercice si agreable & si naturel; & pour les graces qu'il faut faire, elles ne peuuent pas lasser vn Cœur si Royal que le sien, qui contente ses inclinations, par la communication de ses bien-faits.

La Iustice ne fut iamais plus souueraine, puis qu'elle regle aujourd'huy les Finances qui l'ont si souuent déreglée, & se declare contre l'interest qui luy arrachoit le bandeau, les balances, & l'espée.

La pieté ne fut jamais plus authorisée, car elle est sur le Trône, elle porte le Scepte & la Couronne & elle regne à la Cour par vostre authorité, & par vos exemples.

La Paix ne fut jamais mieux establie, elle ne nous a pas seulement reconcilié

B

auec nos ennemis , mais elle les a fait nos alliez, & les a si bien liez, qu'elle y a adjousté vn troisiesme nœud, & vn troisiesme Sacrement, qui la rend également Sainéte & asseurée; car elle aura la fermeté du Mariage pour le bien des Peuples; comme elle en a déja donné les benedictions par la naissance, & pour la Felicité de nos Princes.

Cette Paix si bien establie , se confirme tous les iours par vos soins , & parmy vos Sujets, SIRE , en soulageant leurs charges qui sont leurs guerres & leurs malheurs domestiques; & Vostre Majesté leur donne encore, vne nouuelle Paix en s'informant de leurs miseres , qui ne sont jamais longues , quand elles viennent à la connoissance du Souuerain, de qui le Cœur estant entre les mains de Dieu , il luy inspire la compassion , & l'amour enuers les Peuples, comme il donne aux Peuples, le respect, & l'amour enuers leurs Souuerains.

Cette Paix ne peut pas mieux estre establie que sur les trauaux de la vie de V. M. & sur les glorieux Trophées de sa valeur, qui vous ont rendu , SIRE , l'Arbitre souuerain de l'Europe & le Monarque le plus absolu, qui ait Regné, dans la France.

Il est doncques constamment vray, que toue la Grandeur de l'Estat se termine en la Royale Personne de V. M. que c'est en elle, qu'elle n'a point de bornes, que c'est sur elle, que se reflechit tout l'éclat qui fait admirer vos Officiers, & vos Magistrats, & toute leur gloire, n'est qu'vn rayon échapé de vostre Couronne.

La Gloire ne fait que poindre sur la teste des Grands de vostre Royaume; toute sa Majesté n'est qu'en la vostre, tous les exploits des Braues sont vos Lauriers, toutes les batailles gaignées, sont vos Victoires, toutes leurs conquestes, sont vos Trophées, comme toutes leurs Charges sont vos Offices, comme tous leurs honneurs sont vos concessions; puisque toute leur Grandeur n'est que d'estre aduoüez les dignes Officiers de V. M. de qui l'approbation fait leur merite, accredite leur vertu, & en est la plus juste recompense.

C'est vous, SIRE, qui estes l'ame qui animez le corps de l'Estat, & des Armées, & les cœurs des Soldats; c'est vous qui faites remüer leurs bras & leurs eſpées, & ils ne ſont heureux, & ne triomphent, que par voſtre Valeur, & par voſtre bonne Fortune.

C'eſt voſtre eſpée, entre les mains de vos Lieutenans, qui leur fait meriter le baſton de Commandement , & qui fait les grands Capitaines dans les Armées; comme voſtre Main de Juſtice fait les Magiſtrats integres ſur les Fleurs de Lys; car la crainte qu'on a de vos armes, & la veneration qu'on a pour voſtre authorité, eſt bien l'effet d'vn merite Royal & Souuerain, mais perſonnel; c'eſt la vertu du Sang de Bourbon, & la gloire ſinguliere de LOVYS XIV.

Mais pour comble de voſtre gloire, SIRE, & de noſtre bon-heur, le Ciel veut couronner toutes ces faueurs, en couronnant vos merites & vos vertus Royales, par des nouueaux fleurons de voſtre Couronne; & apres nous auoir donné vn Dauphin , il veut augmenter le nombre de nos Princes & de nos Princeſſes, pour reflechir tout l'éclat de cette haute éleuation ſur vos deſcendans.

Ces faueurs, SIRE, ſont celles que ie
demande

9

demande tous les iours à Dieu, pour voftre Royale Perfonne, & pour la Famille
Royale, & par l'obligation qui m'eft
commune auec tous les bons & fideles
Sujets de V. M. & par vne gratitude par-
ticuliere que ie luy dois, pour les graces
que j'ay receuës d'elle autresfois, & pour
celles encore, que ie me promets d'obte-
nir de voftre Clemence.

I'ofe bien, SIRE, demander quelque
faueur, à U. M. bien que de celle que ie
receus en l'Audiance, qu'elle me donna chez
M^r. le Duc Mazarin, quelques Peres de
la Compagnie de IESUS, m'en ayent voulu faire vn crime notable, & vne efpece
de honte publique.

Ces Peres qui n'ont pas agi auec l'ef-
prit de leur Societé, ny de l'Euangile, ont
publié par tout, que V. M. m'auoit rebu-
té en cette Audiance, qu'elle auoit témoi-
gné du mefcontement de ma conduite, &
par vne nouuelle calomnie, ils fe font fer-
uis du Nom de V. M. pour furprendre leur
Vicaire General, qui fans ouyr mes deffences, & fans auoir éclaircy la verité, il donna les ordres pour me faire quiter la Com-

C

pagnie , & bien qu'il les ait reuoquez ; parce qu'on a voulu fouftenir la premiere injuftice par vne feconde , qui pour eftre
moindre , ne laiffoit pas de .fletrir ma re-
putation , & d'opprimer mon innocence ;
I'ay efté obligé de changer d'eftat , pour
affurer mon repos, & mon falut, & de for-
tir de la Societé , parce que mes perfecu-
teurs, eftoient fortis hors des bornes , de
la charité Riligieufe , & Chreftienne.

Ce faux pretexte du Nom de U. M. ne
leur euft pas reüffi , s'ils ne m'euffent fait
des deffences tres - rigoureufes de ne pas
voir mon Souuerain, & de ne pas parler
à luy ; & s'ils n'euffent fait feruir vne vertu, à leur paffion ; car mon obeïffance qui
a efté loüée par le General de la Societé ,
n'a eu qu'vne vaine approbation, & a efté
traitée comme on feroit vne felonie.

Ie ne mè plaîns pas tant, SIRE , de
cette perfecution que j'ay foufferte , & de
cette injuftice que j'ay receuë,que du pretexte qu'on prend, & du fujet qu'on pu-
blie, bien qu'il foit affez defauoüé par l'a-
gréement que U. M. en a fait connoiftre,
par le fauorable accueil que ie receus d'elle,

& par cette rare bonté, dont elle me donna tant de témoignages, en cette derniere
Audiance.

Ie veux taire les autres perfecutions, que
ie fouffre, & les menaces qu'on me fait, &
que mon innocence ne doit point appre-
hender, fi U. M. me continuë l'honneur
de fa protection, que ie luy demande auec
toute la foûmiffion, qu'vn fujet tres-obeïf-
fant doit à vn fi grand Roy, & auec toute
la confiance, qu'vn fujet tres-fidele doit
auoir, enuers vn Roy fi debonnaire.

C'eft de cette bonté Royale, & Souueraine, que ie me la promets, puifque j'ay
déja efté reconnu tel que ie fuis & feray
toute ma vie,

SIRE, de Voftre Majefté le

Tres-humble, tres-obeyffant, &
tres-fidele feruiteur & fujet,

FRANCOIS MARIE,
Protonotaire & Penitencier
Apoftolique.